悪源太
靈討難波次郎

003

004

005

010

011

012

014

015

016

017

婦の霊
瀧ニ掛ル図

019

020

021

仁田忠常洞中ニ奇異を見る圖

024

025

026

028

029

030

032

033

034

035

036

037

038

039

040

041

042

043

044

045

046

047

小町櫻比情

050

051

052

053

054

22

055

056

057

058

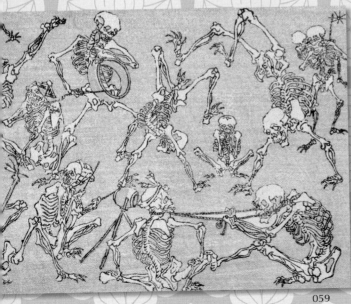

059

060

清姫日高川ニ
陀睡と成る蚕

061

宇津宮
笠末連

063

062

25

064

065

26

066

067

068

070

071

072

073

074

075

076

英物之浦之雪
半知筆海老之出祝之峰

077

078

079

080

081

082

083

084

085

086

087

088

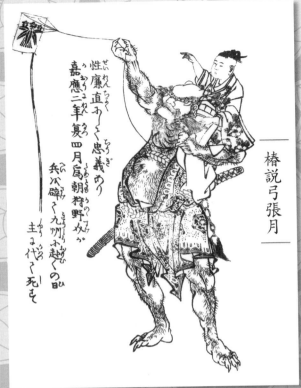

椿説弓張月

089

090

091

092

093

孝狐火之圖

094

096

095

097

38

099

100

101

102

104

105

106

107

108

109

110

鐘馗夢中捉鬼之圖

111

44

112

113

114

115

116

117

118

119

120

121

122